BEI GRIN MACHT SICH IH
WISSEN BEZAHLT

- Wir veröffentlichen Ihre Hausarbeit,
  Bachelor- und Masterarbeit

- Ihr eigenes eBook und Buch -
  weltweit in allen wichtigen Shops

- Verdienen Sie an jedem Verkauf

Jetzt bei www.GRIN.com hochladen
und kostenlos publizieren

Fahim Halamzie

Agiles Projektmanagement - Kanban und Scrum

GRIN Verlag

Bibliografische Information der Deutschen Nationalbibliothek:

Die Deutsche Bibliothek verzeichnet diese Publikation in der Deutschen National-
bibliografie; detaillierte bibliografische Daten sind im Internet über http://dnb.d-
nb.de/ abrufbar.

Impressum:

Copyright © 2011 GRIN Verlag GmbH
Druck und Bindung: Books on Demand GmbH, Norderstedt Germany
ISBN: 978-3-656-16447-0

Dieses Buch bei GRIN:

http://www.grin.com/de/e-book/191527/agiles-projektmanagement-kanban-und-
scrum

GRIN - Your knowledge has value

Der GRIN Verlag publiziert seit 1998 wissenschaftliche Arbeiten von Studenten, Hochschullehrern und anderen Akademikern als eBook und gedrucktes Buch. Die Verlagswebsite www.grin.com ist die ideale Plattform zur Veröffentlichung von Hausarbeiten, Abschlussarbeiten, wissenschaftlichen Aufsätzen, Dissertationen und Fachbüchern.

Besuchen Sie uns im Internet:

http://www.grin.com/

http://www.facebook.com/grincom

http://www.twitter.com/grin_com

Universität Duisburg-Essen

Wirtschaftsinformatik der Produktionsunternehmen

Seminararbeit

Agiles Projektmanagement –
Kanban und Scrum

Vorgelegt der Fakultät Wirtschaftswissenschaften

der Universität Duisburg-Essen von

Fahim Halamzie

Inhaltsverzeichnis

Bilderverzeichnis

Tabellenverzeichnis

Abkürzungs- und Akronymverzeichnis

S.	Seite
bzw.	beziehungsweise
z. B.	zum Beispiel
etc.	et cetera
i. d. R.	in der Regel
IT	Informationstechnologie und Informationstechnik
http	Hypertext Transfer Protocol
PM	Projektmanagement
et al.	et alii
bzw.	beziehungsweise
PPS	Produktionsplanung und –steuerung
NWA	Nutzwertanalyse
d. h.	das heißt

1. Einleitung

In dieser Arbeit werden die beiden Frameworks Kanban und Scrum als agile Entwicklungsmethoden vorgestellt und anhand von zuvor ausgearbeiteten Kriterien im Hinblick auf Ihre Agilität bewertet.

1.1 Thema

Das Projektmanagement ist eine Thematik die jedes Unternehmen beschäftigt. Immer komplexere Aufgaben lassen sich von einzelnen Individuen nicht mehr kontrollieren und bewältigen, sodass es nötig ist, diese Aufgaben im Kollektiv zu meistern. Die Entwicklung des Projektmanagements führte dazu, dass immer weniger Projekte scheiterten. Ein Grund für dieses Phänomen ist die Einführung von Standards wie beispielsweise ITIL. Doch solche Standards sind recht umfangreich, sodass auf einem, von konstantem Wechsel durchzogenen Markt wie der IT-Markt einer ist, das klassische Projektmanagement zu starr und unflexibel ist, um dieser Schnelllebigkeit Stand zu halten (Munz und Soergel 2007, S.73). Der Ansatz von Kanban in der IT leitet sich aus einer Technik ab, die Ursprünglich aus dem Toyota-Produktionssystem stammt (Glaser et al. 1992, S. 256). Mit diesem in der Öffentlichkeit erstmals 2007 vorgestellten Ansatz, versucht man das Projektmanagement deutlich schlanker zu gestalten, um so die Wahrscheinlichkeit eines erfolgreichen Projektverlaufs drastisch zu erhöhen. Die Motivation dieser Arbeit liegt nun darin, sich mit den Paradigmen des Projektmanagements auseinanderzusetzen und anhand des Agilitätsbegriffs der Vorgehensmodelle Scrum und Kanban, neue Wege in der Softwareentwicklung aufzuzeigen.

Zielgruppe dieser Arbeit sind zum einen das akademische Publikum mit dem Schwerpunkt des Projektmanagements und zum anderen Unternehmen und Mitarbeiter, die am agilen Projektmanagement interessiert sind.

1.2 Zielsetzung

Die Erkenntnisziele dieser Seminararbeit setzen sich aus einer Beschreibung und Erläuterung der Methoden, sowie der anhand von Kriterien abgeleiteten Bewertung dieser Methoden bezüglich ihrer Agilität und Eignung für die IT zusammen. Ziel dieser Arbeit ist es, anhand von agilen Methoden die entscheidenden Charakteristika für erfolgreiche IT-Projekte auszuarbeiten.

1.3 Vorgehensweise

Zunächst wird das von agilen Methoden adressierte Problem beschrieben. Dazu werden die Erfolgsaussichten von klassischen IT-Projekten vorgestellt und im Anschluss wird auf die Probleme von nicht agilen Vorgehensweisen eingegangen. Im weiteren Verlauf wird die Begrifflichkeit der Agilität näher definiert und anhand diesem sowie des Agilen Manifests, Kriterien zur Bewertung agiler Methoden abgeleitet.

Im Anschluss wird in einem ersten Schritt Kanban und Scrum vorgestellt und erläutert, um in einem zweiten Schritt die Frameworks auf Basis der zuvor abgeleiteten Kriterien, zu bewerten. In einem Fazit wird auf die die Auswertung der Bewertung eingegangen und mögliche Schlussfolgerungen gezogen.

Im Folgenden wird die Vorgehensweise anhand von Arbeitspaketen in den **Tabellen 1-6** verdeutlicht.

Tabelle 1: Arbeitspaket Grundlagen

Grundlagen	
Input	Suchbegriffe, Fachliteratur, Statistiken
Inhalt	Grundlagen über die Problematik der Softwareentwicklung
Output	Eine Beschreibung und Kritik an der klassischen Softwareentwicklung

Tabelle 2: Arbeitspaket Agilität in der Softwareentwicklung

Agilität in der Softwareentwicklung	
Input	Das Agile Manifest, Fachliteratur
Inhalt	Erläutern und Vorstellung von Agilität in der Softwareentwicklung
Output	Eine Erläuterung des Agilitätsbegriffs sowie Kriterien zur Bewertung Agiler Vorgehensmodelle

Tabelle 3: Arbeitspaket Kanban

Kanban in der IT	
Input	Fachliteratur zu Kanban
Inhalt	Kanban beschreiben und vorstellen
Output	Eine Beschreibung der wichtigsten Charakteristika von Kanban

Tabelle 4: Arbeitspaket Scrum

Scrum	
Input	Fachliteratur zu Scrum
Inhalt	Scrum beschreiben und vorstellen
Output	Eine Beschreibung der wichtigsten Charakteristika von Scrum

Tabelle 5: Arbeitspaket Bewertung von Kanban und Scrum

Bewertung von Kanban und Scrum	
Input	Fachliteratur zu Scrum
Inhalt	Scrum beschreiben und vorstellen
Output	Eine Beschreibung der wichtigsten Charakteristika von Scrum

Tabelle 6: Arbeitspaket Fazit

Fazit	
Input	PM-Methoden, Kriterien
Inhalt	Fazit ziehen
Output	Fazit

2. Klassisches Projektmanagement

In diesem Kapitel werden zum einen die Erfolgsaussichten von IT-Projekten untersucht und zum anderen auf Probleme klassischer Vorgehensmodelle zur Softwareentwicklung eingegangen.

2.1 Erfolge von IT-Projekten

Der seit 1994 in regelmäßigen Abständen erscheinende CHAOS Report der Standish Group untersucht die Erfolgsquote von Softwareentwicklungsprojekten (Standish Group 1994).

Die Studien zeigen, dass zwischen 1994 und 2009, die Summe der gescheiterten und nur teilweise erfolgreichen Projekte[1] stetig gesunken sind.

Im Jahr 1994 waren 31% der Projekte gescheitert und 53% verspätet, oder mit einer Budgetüberschreitung verbunden (Standish Group 1994).

2009 lagen die Zahlen bei 24% für gescheiterte Projekte und 53% für teilweise erfolgreiche Projekte. Die Summe an erfolgreichen Projekten lag bei 16 % (1994), 28 % (2001) und 32 % (2009) (Standish Group 1994/2001/2009).

Berücksichtigt man jedoch das Zeitfenster von über 15 Jahren, ist die Verbesserung nicht signifikant ausgefallen. **Abbildung 1** zeigt die obigen Aussagen bezüglich des Projektausgangs.

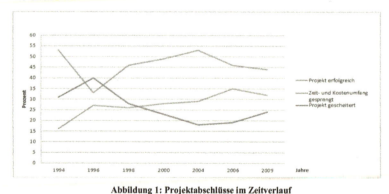

Abbildung 1: Projektabschlüsse im Zeitverlauf
Quelle: Eigene Darstellung in Anlehnung an Standish Group

---

[1] Ein Projekt galt als teilweise erfolgreich, wenn der Budget- oder Zeitumfang des Projektes überschritten wurde.

Der CHAOS Report wird in der Literatur kontrovers diskutiert, sodass sich Zweifel gegenüber der Erhebungsmethode und den Ergebnissen nicht ausräumen lassen und somit kritisch zu hinterfragen sind (Eveleens und Verhoef 2010, S.30-36; Jørgensen und Moløkken 2006, S.297-301).

Doch viel entscheidender als die konkrete Ausprägung der Ergebnisse ist die Erkenntnis, dass auch nach über zehn Jahren ein erheblicher Anteil an Projekten, trotz Projektmanagements, nicht erfolgreich abgeschlossen wird. In Anbetracht dessen, dass das Agile Manifest erst 2001 (Götzenauer 2009, 26) und die ersten agilen Verfahren, wie *eXtreme Programming* oder *Crystal* 2003 veröffentlicht wurden, liegt die unbestätigte Vermutung nahe, dass die Steigerung des Projekterfolgs sowie die Reduzierung der Summe an überschrittenen Projekten zwischen 2001 und 2009 durch agile Methoden bewirkt wurden. Die Untersuchung dieser Fragestellung wird im Rahmen dieser Seminararbeit nicht weiter betrachtet und stellt mögliche Ansatzpunkte zur Messung der Effektivität von agilen Methoden dar.

2.2 Probleme der klassischen Softwareentwicklung

Die im **Kapitel 2.1** geschilderten Erfolgsquoten werden durch viele Faktoren beeinflusst, welche im Folgenden geschildert werden.

Zu Beginn einer Softwareentwicklung werden Pläne und Architekturen ausgearbeitet, Termine festgelegt, mögliche Probleme antizipiert und alles bis ins Detail dokumentiert. Obwohl eine solche Planung durchaus logisch erscheint, scheitert eine solche Vorgehensweise vor allem an Einem: dem Menschen selber (Sutherland 2011, S.14). Sutherland (2011, S.14) beschreibt einen gewaltigen Unterschied zwischen dem, was explizit zu Papier gebracht wurde und dem was der eigentliche die Idee in Gedanken ist. So wissen die Kunden selber nicht konkret, was ihre eigenen Anforderungen sind und können nicht ihre Vorstellungen explizieren und wenn sie es tun, ist dies oft nur unter Berücksichtigung der zuvor skizzierten Verzerrung der Gedanken möglich (Parnas, Clements 1996,S. 251-252).

Denn Kunden müssen die in Auftrag gestellte Software sehen und fühlen, im Sinne von **Ausprobieren** können um eine Aussage über ihre Anforderungen treffen zu können. Doch genau das wird bei nicht agilen Ansätzen verhindert, indem Anforderungen zu Beginn explizit und an die Entwicklung weitergegeben werden (Szalvay 2004, S.3). Weiterhin werden entscheidende Softwaredetails, erst während der Entwicklung bzw. Anwendung deutlich.

Dazu spielen externe Faktoren eine Rolle wie z. B. Markt- oder Technologieänderungen, welche eine Änderung der zur entwickelnden Software benötigen. So berücksichtigen klassische Vorgehensmodelle solche Änderungen nur unzureichend (Parnas, Clements 1996,S. 251-252).

Vor allem schaffen klassische Vorgehensmodelle einen großen Koordinations- und Dokumentationsoverhead welchen Schwaber (2007, S. 56-58) mit folgendem Zitat verdeutlicht: „Aus einer Kommunikation von Angesicht zu Angesicht wurde eine Kommunikation auf Basis von **Dokumentationen**. Schnelle Richtungsänderungen mutierten zu **langwierigen** Phasen, in denen Anforderungen zusammengetragen wurden".

Die Gründe solcher Probleme resultieren dadurch, dass viele Methoden zu **starr** sind und der Kunde nur zu Beginn für die Anforderungen eingebunden wird (Munz und Soergel 2007, S.72).

Die obig skizzierten Probleme er Softwareentwicklung illustriert die **Abbildung 2** sehr gut. Die Abbildung zeigt wie das Verständnis einer Software, durch die Kommunikationsbrüche der agierenden Personen völlig verfremdet wird. Der Kunde wollte eine Schaukel in Form eines Reifens, doch wurde durch die Weitergabe entlang des Prozesses, seine Vorstellung zu einer nicht funktionsfähigen Schaukel verfremdet, für diese er zudem überzogen bezahlt.

Abbildung 2: Comic eines IT-Projektes
Quelle: projectcartoon.com in Anlehnung an Oakland (1989, S. 11)

Der CHAOS Report hat zudem Projektleiter nach Faktoren für das Scheitern eines IT-Projektes befragt. Die meist genannte Antwort war *unvollständige Anforderungen* mit 13,1%, dicht gefolgt von *fehlender Nutzerbeteiligung* mit 12,4%[2] (Standish Group 2004).

Diese Antworten decken sich mit den zuvor genannten Gründen von Parnas und Clements. Unvollständige Anforderungen resultieren eben gerade durch die fehlende Möglichkeit des Kunden, seine Vorstellungen, eindeutig zu explizieren. Auch ist die fehlende Nutzerbeteiligung eine Symptomatik der Softwareentwicklung, die durch agile Methoden behoben werden soll (vgl. **Kapitel 3.1**).

Ein bewährtes Mittel um den Erfolg eines IT-Projektes zu steigern, ist die Nutzung von Standards wie z. B. *ITIL* oder *PRINCE2*. Doch besitzen Standards im Allgemeinen eine ganze Reihe von Nachteilen. So sind nach Oestereich und Weiss (2007, S. 14) diese oftmals zu langsam weiterentwickelt, sodass aktuelle Ziele verfehlt werden und nur bereits vergangene Problematiken angesprochen werden. Weiterhin besteht die Gefahr, dass Standards einen solchen bürokratischen Apparat bilden, welcher jeglichen Praxisbezug verliert. Doch der größte Kritikpunkt ist die erhebliche Einschränkung der Verantwortung der einzelnen Projektteilnehmer (Oestereich und Weiss 2007, S. 14). Die Tragweite dieses Kritikpunktes wird in **Kapitel 3.1** weiter erläutert.

---

[2] Eine vollständige Auflistung findet sich in Standish Group 2004.

2.3 Das Wasserfallmodell

Das Wasserfallmodell ist das älteste Vorgehensmodell für die Softwareentwicklung und ein klassischer Vertreter eines nicht agilen Ansatzes (Chughtai et al. 2002, S.30). An diesem Modell werden im Folgenden die aus dem **Kapitel 2.2** geschilderten Probleme skizziert.

Das Wasserfallmodell teilt die Entwicklung in einzelne Phasen wie z. B. *Anforderungsanalyse, Design, Implementierung, Testen* und ein[3]. **Abbildung 3** veranschaulicht die Iteration des Wasserfallmodells.

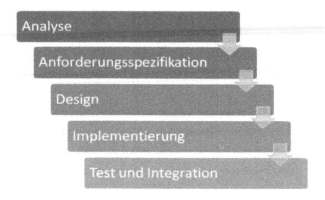

Abbildung 3: Wasserfallmodell

Quelle: Eigene Darstellung in Anlehnung an Ahrendts und Marton (2002, S.159)

Ein solches lineares Vorgehensmodell, welches unidirektionale Beziehungen zwischen den Phasen, sowie eine klare Trennung der einzelnen Phasen suggeriert, ist in der Realität außerhalb von sehr kleinen und simplen Projekten **unmöglich.** Es ist nur dann Verwendbar wenn es möglich ist, schon früh die Anforderungen mit einer sehr hohen Präzision zu antizipieren. (Fischer und Dangelmaier 2000, S.30).

Die Phasen werden inkrementell und linear durchlaufen, was den großen Nachteil mit sich bringt, dass Änderungen die im zeitlichen Verlauf spät eingebracht werden, deutlich mehr Ressourcen benötigen als es zu Beginn der Fall wäre (Fischer und Dangelmaier 2000, S.30).

---

[3] Weiterführende Literatur zum Wasserfallmodell und anderen Vorgehensmodellen findet sich bei Grechenig und Bernhart(2009)

Kombiniert man, die im zeitlichen Verlauf ändernden Kundenwünsche, mit der hohen Häufigkeit von zu spät erkannten Fehlern, entstehen dadurch, **exponentielle** wachsende Änderungskosten welche auch den Projektabbruch als Folge haben können. (Versteegen 2000, S.29-31).

Mit dem Zitat „People caught up in heavy process can [...] run the risk of becoming documentation generators instead of software developers" (Boehm und Turner 2008, S. 13) stellen Boehm und Turner zudem eine **Zielverfehlung** klassischer Methoden fest, in denen die Dokumentation wichtiger als das eigentliche Ziel, eine funktionierende Software gesehen wird.

Szalvay (2004, S.3) verdeutlicht, die in **Kapitel 2.2** beschriebenen Problematiken mit dem folgenden Zitat „Although I'm a terrible artist, when I draw a picture I need to **see** the drawing as I **progress**. If I tried to close my eyes and draw the same picture, it would prove far less successful. But this is what waterfall asks customers to do: specify the entire system without having a chance to periodically see the progress and make adjustments to the requirements as needed".

Weiterhin hat Szalvay die Darstellungen der Änderungskosten nach Boehm, als Vertreter des Wasserfallmodells und somit des klassischen Projektmanagements, sowie den von Cockburn/Ambler und Becks vertretenen agilen Ansatzes in **Abbildung 5** zusammengefasst. Kritisch zu beachten ist, dass das Koordinatenkreuz keine Achsenmetriken besitzen sowie die horizontale Achse nicht beschriftet ist, jedoch einen zeitlichen Verlauf suggeriert. Zu Beginn sind die Kosten agiler Ansätze leicht über dem klassischen Ansatz, doch übersteigt die Kurve von Boehm die agilen Vertreter bereits nach kurzer Zeit. Das lässt sich durch den exponentiellen Wachstums der klassischen Kurve erklären, welche gegen Ende des Projekts überproportional hohe Kosten verursacht gegenüber den agilen Methoden.

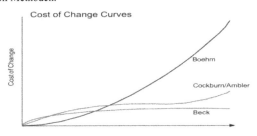

Abbildung 4: Änderungskostenkurve
Quelle: Szalvay (2004, S. 6)

Fasst man die Probleme der Softwareentwicklung zusammen, so treffen Munz und Soergel (2007, S.73) die Annahme, „dass bei der Entwicklung von Software in den meisten Fällen keine frühe abschließende Bestimmung der Anforderungen möglich ist. Ein
geeignetes Vorgehensmodell muss demnach ein **anpassungsfähigen** Entwicklungsprozess beschreiben, der flexibel an alle auftretenden Änderungen adaptiert werden kann".

Vor dem Hintergrund des in **Kapitel 3.1** geschilderten Begriffs der Agilität wird mit
der Aussage Munzs und Soergels deutlich, dass die Anforderungen an ein Vorgehensmodell, inhaltsdeckend mit den Elementen der Agilität sind.

Nach Frick adressieren agile Methoden genau diese Probleme der Inflexibilität, indem die Fähigkeit auf **Veränderungen**, angemessen **reagieren** zu können, bewahrt
wird (2002, S.26).

3. Agilität in der Softwareentwicklung

In diesem Kapitel wird die Agilität in der Softwareentwicklung näher betrachtet. Dabei wird zum einen der Begriff näher eingegrenzt und zum anderen werden Kriterien zur Bewertung agiler Methoden ausgearbeitet.

3.1 Begriffsdefinition

Agilität ist eines der zentralen Begriffe dieser Arbeit und aus diesem Grund wird der Begriff Agilität im Folgenden näher eingegrenzt.

Highsmith definiert Agilität mit dem Zitat: "Agility is the ability to both **create** and **respond** to **change** in order to profit in a turbulent business environment"(Highsmith 2002, S.29).

Goldman et al. (1995 S. 42) haben eine sehr umfassende Definition für Agilität verfasst:„Agility is **dynamic**, context specific, aggressively **change-embracing** and growth-oriented. It is not about improving efficiency, cutting costs or battening down the business hatches to ride out fearsome competitive 'storms.' It is about **succeeding** and about winning: about succeeding in emerging competitive arenas, and about winning profits, market share and customers in the very center of the competitive storms many companies now fear".

Im Kontext dieser Arbeit besteht Agilität im Kern aus *vier Elementen,* welche aus den obigen Definitionen abgeleitet und im Folgenden vorgestellt werden. Zudem werden diese Elemente als Kriterien für die Bewertung von agilen Methoden benutzt.

Das *erste Element* ist die Fähigkeit auf (unvorhergesehene) **Änderungen** angemessen **reagieren** zu können. Diese unvorhergesehenen Änderungen sind nicht von Seiten des Projektmanagements bei der Planung berücksichtigt, sodass die Reaktion auf diese Änderungen dynamisch und flexibel erfolgen muss. Wie in **Kapitel 2.2** erörtert liegt in es der Natur von IT-Projekten, stark mit Änderungen in Beziehung zu stehen.

Beispiele für Änderungen könnten Fluktuationen des Projektteams aufgrund von Krankheiten oder Änderungen der Marktbedingungen aufgrund von Wirtschaftskrisen oder wie in **Kapitel 2.2** beschriebene Änderungswünsche der Kunden sein.

Das *zweite Element* des Begriffs Agilität ist die **Akzeptanz** von Änderungen und die Forderung und Förderung von Wandel. Diese Änderungsakzeptanz ist eng verbunden mit einer völlig anderen Weltanschauung, welche indeterministisch und zumindest nicht direkt und implizit auf Kausalitätsprinzipien aufbaut[4].

Festzuhalten ist, dass durch dieses neue Weltbild, Änderungen als **Chance** gesehen werden für das eigene Projekt und im Kontext von Agilität **aktiv** genutzt werden.

Die Chance könnte eine wichtige Funktion sein, die erst kurz vor Abschluss eines weit fortgeschrittenen Projektes eigebracht wurde. Durch diese Funktion könnte der Kunde einen Wettbewerbsvorteil gegenüber seinen Konkurrenten erzielen, sodass die Forderung oder Förderung von Wandel durchaus sinnvoll ist.

Das *dritte Element* des Agilitätsbegriffs ist der Projekterfolg, welcher eng mit dem *vierten Element* der Kundenzufriedenheit korreliert und sich im Kontext von Agilität überschneidet. Die Wichtigkeit des Projekterfolgs wird im obigen Zitat von Goldman et al. „It is about **succeeding** and about winning:" (Goldman et al. 1995 S. 42), besonders deutlich.

Die Bemessungsgrundlage eines Projekterfolgs ist die **Kundenzufriedenheit**, sodass auch eine Überschreitung der Projektrahmenbedingungen nicht ins Gewicht fällt, solange das Endergebnis den Kunden zufrieden stellt. Aus diesem Grund ist Kundenzufriedenheit eng mit dem Projekterfolg gekoppelt (Gernert 2003, S. 3).

Eine weitere Definition von Agilität hat Parsons bereits in den 50ern mit dem AGIL-System[5] geliefert.

Aufgrund der fehlenden Originalquelle wird auf Munz und Soergel verwiesen (2007, S.79). Ein System ist dann agil wenn folgende Vorrausetzungen erfüllt sind:

- **A**daption: Anpassungsfähigkeit an die Rahmenbedingungen, kein stures Festhalten an gewohnten Prozessen

- **G**oal attainment: Das Erreichen von gemeinsamen Zielen steht für alle Beteiligten im Zentrum der Bemühungen

- **I**ntegration: Umfassende Integration der Beteiligten in den Prozess und umgekehrt

- **L**atent pattern maintenance: Aufrechterhaltung grundlegender Werte und darauf basierender Prinzipien

---

[4] Weiterführende Informationen zur Systemtheorie findet sich bei (Liening 1999, S.23-28).

[5] Parsons Definition ist für ein agiles System, welches sich mit der Weltanschauung des zweiten Elements deckt. Es wird auf (Liening 1999, S.23-28) für weitere Informationen zur Systemtheorie verwiesen.

Es lassen sich gewisse Überschneidungen zu den obigen Elementen feststellen. Die Anpassungsfähigkeit, das gemeinsame Ziel, die Einbeziehung aller Beteiligten decken sich inhaltlich mit den Aussagen zu obigen Elementen der Agilität und unterstreichen die Bedeutung dieser Elemente.

3.2 Werte des Agilen Manifests

Im Februar 2001 trafen sich 17 Praktiker von agilen Methoden zusammen, um aufbauend auf ihren beruflichen Erfahrungen ein Manifest zu verfassen, welches als Leitfaden agilen Handelns in der Softwareentwicklung dienen sollte (Götzenauer 2009, 26). Das Agile Manifest entstand aus den Beobachtungen und Erfahrungen der Verfasser und ist somit eine Sammlung von Best Practices, ohne eine wissenschaftliche Fundierung.

Das Agile Manifest umfasst neben abwägenden Werten wie in **Abbildung 5** zu sehen ist, zwölf einfache Prinzipien, welche die Werte noch einmal konkretisieren.

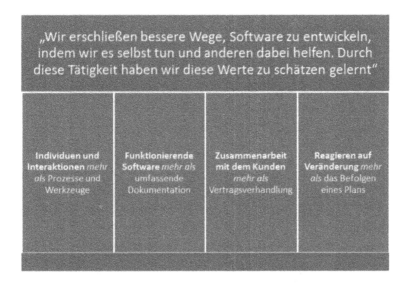

Abbildung 5: Werte des Agilen Manifests
Quelle: Eigene Darstellung in Anlehnung an agilemanifesto.org

Die Grundwerte wurden dabei sehr vage benannt und lassen einen gewissen Raum an Interpretation zu. Dadurch versteht sich das agile Manifest vielmehr einer Philosophie welche einen groben Handlungsraum vorgibt, was durch folgendes Zitat deutlich wird: „Das heißt, obwohl wir die Werte auf der rechten Seite wichtig finden, schätzen wir die Werte auf der linken Seite höher ein." (agilemanifesto.org).

Die Werte *Individuen und Interaktionen* hebt den Fokus zum einen auf die Projektbeteiligten Menschen und zum anderen auf die Kommunikation zwischen diesen, sodass diese Elemente als wichtigste Erfolgsfaktoren für IT-Projekte gelten.

Durch diesen Schwerpunkt werden vor allem zwischenmenschliche Dinge wie **Motivation** und direkte **Kommunikation** zwischen den Beteiligten wichtiger als festgelegte Prozesse wie z. B. Organisationshierarchien (Wieczorrek und Mertens 2010, S.110; Munz und Soergel 2007, S.82).

Beck (2004, S.29) unterstreicht die Wichtigkeit von Kommunikation in seinem agilen Ansatz *eXtreme Proramming*, indem Kommunikation eines von vier Werten seines Ansatzes bildet. Weiterhin ist nach Beck (2004, S.29) eine mangelnde oder schlechte Kommunikation die Grundursache der meisten Probleme in der Softwareentwicklung.

Der Wert *funktionierende Software* ist inhaltsdeckend mit dem dritten Element des Agilitätsbegriffs (vgl. **Kapitel 2.1**). Am Ende des Tages ist das Ergebnis relevant, d.h. eine funktionierende Software hat das Projektziel erreicht und es ist unerheblich ob die Dokumentation vollständig oder formal korrekt ist, solange diese die essenziellen Anforderungen an eine Dokumentation erfüllt (Munz und Soergel 2007, S.82).

Agile Methoden setzen genau da an, wo klassische Methoden gescheitert sind. Wie in **Kapitel 2.2** geschildert, ist die fehlende Einbindung des Kunden, einer der häufigsten Gründe, wieso IT-Projekte gescheitert sind. So ist die *Zusammenarbeit mit dem Kunden* ein Kriterium, welches über den ganzen Projekterfolg entscheiden kann.

Diese Zusammenarbeit ist geprägt von einer permanenten *Kommunikation* mit dem Kunden. So wird gewährleistet, dass die Anforderungen immer den Wünschen des Kunden entsprechen (Wieczorrek und Mertens 2010, S.111; Munz und Soergel 2007, S.83).

Das Wertepaar *Reagieren auf Änderungen* ist identisch mit dem aus **Kapitel 2.1** ausgearbeiteten, ersten Agilitätselement. Somit ist auch die Fähigkeit auf Veränderungen reagieren zu können, ein Kriterium für agile Methoden.

3.3 Prinzipien des Agilen Manifests

Die folgenden Prinzipien akzentuieren die in **Kapitel 3.2** betrachteten Werte. Dadurch erweitert sich die Philosophie des Agilen Manifests durch konkrete Handlungsempfehlungen. In diesem Kapitel werden einige dieser Prinzipien näher betrachtet, um daraus Kriterien zur Bewertung agiler Methoden abzuleiten. Aufgrund der Tatsache, dass die Prinzipien zum Teil die gleichen Werte akzentuieren und dadurch nicht Überschneidungsfrei sind, wird der Fokus auf eine Teilmenge gesetzt, um die Kernaussagen zu verdeutlichen.

1. Unsere höchste Priorität ist es, den Kunden durch frühe und kontinuierliche Auslieferung wertvoller Software zufrieden zu stellen.

2. Heiße Anforderungsänderungen selbst spät in der Entwicklung willkommen. Agile Prozesse nutzen Veränderungen zum Wettbewerbsvorteil des Kunden.

3. Liefere funktionierende Software regelmäßig innerhalb weniger Wochen oder Monate und bevorzuge dabei die kürzere Zeitspanne

4. Fachexperten und Entwickler müssen während des Projektes täglich zusammenarbeiten.

5. Errichte Projekte rund um motivierte Individuen. Gib ihnen das Umfeld und die Unterstützung, die sie benötigen und vertraue darauf, dass sie die Aufgabe erledigen.

6. Die effizienteste und effektivste Methode, Informationen an und innerhalb eines Entwicklungsteam zu übermitteln, ist im Gespräch von Angesicht zu Angesicht.

7. Funktionierende Software ist das wichtigste Fortschrittsmaß.

8. Agile Prozesse fördern nachhaltige Entwicklung. Die Auftraggeber, Entwickler und Benutzer sollten ein gleichmäßiges Tempo auf unbegrenzte Zeit halten können.

9. Ständiges Augenmerk auf technische Exzellenz und gutes Design fördert Agilität.

10. Einfachheit -- die Kunst, die Menge nicht getaner Arbeit zu maximieren -- ist essenziell.

11. Die besten Architekturen, Anforderungen und Entwürfe entstehen durch selbstorganisierte Teams.

12. In regelmäßigen Abständen reflektiert das Team, wie es effektiver werden kann und passt sein Verhalten entsprechend an. (agilemanifesto.org)

Das erste und dritte Prinzip betont dich Wichtigkeit von frühen und kontinuierlichen Release-Zyklen. So kann der Kunde die zu erstellende Software überprüfen, ob Sie seinen Anforderungen genügt oder eventuell Änderungen vorgenommen werden müssen. Das vierte Prinzip betont diesen Aspekt indem der zeitliche Aspekt *täglich* benannt wird. Somit können Änderungen an jedem Tag diskutiert und vorgenommen werden, sodass nicht unnötig Aufwand und Zeit in potentiell unnötige Arbeit verschwendet werden. Somit wäre ein weiteres Kriterium für die Bewertung agiler Methoden, die Einhaltung von **kurzen** Release-Zyklen.

Besonders hervorzuheben beim fünften Prinzip ist die Bedeutung des *Vertrauens*. Wie bereits in **Kapitel 3.2** geschildert, liegt der Fokus agiler Methoden mehr auf einer funktionierenden Software, als auf Dokumenten. Dort wo Standards und Dokumente keine Vorgaben angeben und nicht jede Aktion akribisch festgehalten wird ist ein eigenverantwortliches Handeln durch die Mitarbeiter notwendig. Doch die Voraussetzung für ein solch eigenverantwortliches Handeln ist die Freiheit, dieses auch tun zu dürfen. Eine solche Freiheit wird nur dann gewährt, wenn den Mitarbeitern das nötige Vertrauen entgegengebracht wird, die Freiheit auch mit Verantwortung nutzen zu können. (Oestereich und Weiss 2007, S.22-23).

Prinzip sechs konkretisiert die Werte Individuen und Kommunikation, indem das Gespräch als effizienteste Methode zur Übermittlung von Informationen dargestellt wird. Damit wird deutlich, dass agile Methoden, Kommunikation von Angesicht zu Angesicht erfordern und **direkte Kommunikation** somit ein Kriterium der Bewertung bildet.

Mit dem zehnten Prinzip wird ein besonderer Punkt angesprochen. Einfache Strukturen sind leichter verständlich und somit auch leichter anzupassen. Zudem werden Abhängigkeiten leichter erkannt und zudem leichter behoben. Weiterhin senken einfache Lösungen die Entwicklungszeit und sparen somit Kosten ein (Starke 2009, S.158; Hoß 2008 S.4).

Neben diesen Vorteilen ist der Begriff der Einfachheit im Kontext des Agilen Manifests auch anders konnotiert. So wird in der XP-Methode der Wert Einfachheit mit einem ganz bestimmten Zweck verbunden. Es wird darauf gewettet, dass es besser ist, sich auf einfache Lösungen zu fokussieren, trotz der Erkenntnis, dass diese Lösungen unter hoher Wahrscheinlichkeit geändert werden muss, als eine komplexe Lösung nie zu benutzen (Beck 2004, S.30f). Dieses Verfahren wird auch YAGNI (You Ain't Gonna Need It) genannt (Epping 2011, S.42). Da Einfachheit höchst subjektiv ist, und nach

Cockburn (2003, S.292) selbst die Autoren des Agilen Manifests Probleme bei der Definition hatten, bildet Einfachheit kein Bewertungskriterium.

Mit dem letzten Prinzip lehnt sich das Agile Manifest stark an der Methodik des Kontinuierlichen Verbesserungsprozesses (KVP) oder dem japanische Pendant *Kaizen* (vgl. **Kapitel 4.4**) an. Durch diesen induktiven Prozess wird vor allem ein Mehrwert für das Projekt geschaffen, indem vorhandenes Wissen ausgetauscht wird, und vor allem nicht verloren geht. Nach Cockburn (2003, S.292) ist die **Reflektion über die aktuelle Arbeit** überhaupt die Grundvoraussetzung für die Erreichung agiler Projektziele und somit das letzte Kriterium zur Bewertung agiler Methoden.

3.4 Zusammenfassung der Bewertungskriterien

Tabelle 7 listet die in **Kapitel 3.1**, **3.2** und **3.3** ausgearbeiteten Kriterien zur Bewertung agiler Methoden auf. Diese werden in **Kapitel 6** zur Bewertung von Kanban und Scrum als Bewertungskriterien herangezogen.

Tabelle 7: Zusammenfassung der Kriterien zur Bewertung von agilen Methoden

Agilitätskriterien
Fähigkeit auf (unvorhergesehene) Änderungen, angemessen **reagieren** zu können
Akzeptanz von Änderungen und die Forderung und Förderung von Wandel
Der **Projekterfolg** wird maßgebend durch die **Kundenzufriedenheit** bestimmt
Direkte Kommunikation ist essenziel
Einbindung der Endnutzer über **alle** Projektphasen
Release-Zyklen sind **kurz** zu halten
Gebe den Mitarbeitern die Freiheit und das **Vertrauen** zur eigenständigen Arbeit
Reflektionsphasen über das Projekt sind wichtig für den Projekterfolg

4. Kanban in der IT

In diesem Kapitel wird das Framework Kanban vorgestellt und dessen spezifischen Merkmale ausgearbeitet.

Kanban ist ein Produktionsplanung und -steuerungssystem, welches in der Mitte des 20.Jahrhunderts durch den Japaner Taiichi Ohno entwickelt wurde (Glaser et al. 1992, S. 256). Dabei wurden die besonderen Verhältnisse in Japan berücksichtigt, die sich durch wenig bebaubare Landfläche, hohe Rohstoffknappheit, Unternehmensverbundenheit und starken Gruppendenken auszeichneten (Wöhe und Dörring 2003, S.450). Zudem wurde aufgrund von hohen Zins- und Lagerkosten nach einer Möglichkeit gesucht, das Produktionsmaterial erst dann zu schaffen wenn es benötigt wird (Wöhe und Dörring 2003, S.450).

Kanban[6] bedeutet „Signalkarte" und ist ein Ansatz, der die Menge an paralleler Arbeit (Work in Progress) limitiert (Anderson 2011, S.14).

So zielt Kanban darauf ab, den Workflow des Projekts zu optimieren und Flaschenhälse in der Leistung aufzudecken, indem das Projektteam selber die Aufgaben nach dem Pull-Prinzip zieht und bearbeitet (Anderson 2011, S.16).

Eine zentrale Steuerung wie bei klassischen PPS-Systemen gibt es bei Kanban nicht. Es wird auf einen **selbstregulierenden** Regelkreis gesetzt (Kletti und Schuhmacher 2010, S.94) wie in **Abbildung 6** dargestellt.

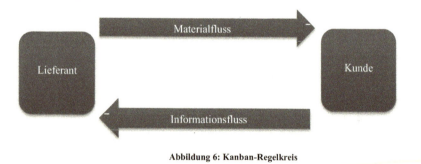

Abbildung 6: Kanban-Regelkreis

---

[6] Anderson nutzt für Kanban in der Fertigung und in der IT eine unterschiedliche Terminologie. Da die vorliegende Seminararbeit sich mit Kanban in der IT beschäftigt wird hier einheitlich der Begriff Kanban verwendet.

Der Regelkreis beschreibt einen vorwärts gerichteten Materialfluss vom Erzeuger zum Produzenten und einen rückwärts gerichteten Informationsfluss vom Produzenten zum Erzeuger. Die Idee dahinter ist, nur das zu produzieren, was verbraucht wird um insbesondere eine Bestandsreduzierung hervorzurufen (Gracia Sanz et al. 2007, S.308). Wird in einem mehrstufigen Produktionsprozess an einer Stelle die benötigte Mindestmenge unterschritten wird die aufzufüllende Menge an der vorherigen Fertigungsstelle angefordert. Somit ist keine zentrale Regelung nötig, da der Regelkreis sich selbst reguliert. Dieses Verfahren ist in der Logistik allgemein unter dem Pull-Prinzip oder Supermarktprinzip bekannt (Kletti und Schuhmacher 2010, S.94-95).

Die Kommunikation zwischen den einzelnen Fertigungsstellen erfolgt über die namensgebende Signal- bzw. Kanban-Karte. Nach Epping (2011, S.54) zeichnet sich Kanban vor allem durch folgende vier Elemente aus, anhand derer Kanban im weiteren Verlauf des Kapitels vorgestellt wird:

1. Visualisierung der Wertschöpfungskette: Informationen transparent machen.

2. WIP-Begrenzung: Menge an paralleler Arbeit wird limitiert.

3. Das Pull-Prinzip: Arbeit wird genommen und nicht gegeben.

4. Die Kaizen-Kultur: Eine Kultur der kontinuierlichen Verbesserung.

4.1 Visualisierung der Wertschöpfungskette

Die Visualisierung der Wertschöpfungskette dient vor allem dazu, **Transparenz** zu schaffen, welche insbesondere für die selbstverantwortliche und eigenverantwortliche Aufgabenbearbeitung unerlässlich ist. Dabei sind die wichtigsten Elemente, über die Transparenz geschaffen werden soll:

- Die einzelnen Phasen der Wertschöpfungskette.
- Die Aufgaben in diesen Phasen.
- Die Personen die eine Aufgabe bearbeiten,
- Den WIP.
- Kennzahlen für den Fortschritt (Epping 2011, S.58).

So wird zu Beginn einer Kanban-Einführung mit einer Visualisierung der Wertschöpfungskette eines Softwareprojekts, in Form eines **Kanban-Boards** begonnen. Anderson (2011, S.71) empfiehlt ausdrücklich den Prozess so abzubilden, wie er im Unternehmen auch ausgeführt wird. Dadurch wird gewährleistet, dass das Kanban-Boards die aktuelle Aufgabenlage der Projektteilnehmer wiederspiegelt und somit Möglichkeiten zur Optimierung bietet. Somit unterscheiden sich Kanban-Boards nicht nur inhaltlich sondern auch optisch voneinander (Anderson 2011, S.21). In der Regel verwendet man Whiteboards, an dem Anforderungen in Form von Karteikarten oder Post-its geklebt werden.

Wichtig ist, dass die benutzten Mittel zur Visualisierung **einfach** und intuitiv zugänglich sind um die Gestaltung möglichst effizient und übersichtlich zu halten (Anderson 2011, S.73-76; Epping 2011, S.59-60).

Abbildung 7 illustriert ein beispielhaftes Kanban-Board. Ein Prozess könnte die Phasen *Analyse*, *Entwicklung* und *Testing* beinhalten, welche durch die Warteschlangen Input und Fertig umschlossen werden. Zudem sind die Spalten in die Kategorien *in Arbeit* und *Fertig* unterteilt, um den aktuellen Stand des Tickets anzuzeigen.

Anforderungen werden durch **Tickets** visualisiert, welche unterschiedliche Aufgabentypen wie z. B. User Stories, Change Requests oder Features besitzen können (Anderson 2011, S. 72). Die Tickets beinhalten somit unterschiedliche Aufgabentypen, welche zudem unterschiedliche Informationen enthalten können. So kann der Name der bearbeitenden Personen, ein fixes Lieferdatum oder weitere Kommentare notiert werden (Anderson 2011, S.79-80).

Input	Analyse (3)		Entwicklung (5)		Testing (2)		Fertig
	in Arbeit	Fertig	in Arbeit	Fertig	in Arbeit		
A D	G	F	I	J	L	M	N
B E			H	K			O
C							P

Abbildung 7: Ein Kanban-Board
Quelle: Eigene Darstellung in Anlehnung an Anderson (2011, S.74)

Abbildung 8 zeigt ein solches Aufgabenticket, welches die ID FK-8889 hat, von dem Mitarbeiter Peter bearbeitet wird und als festen Termin den 02.01.2012 hat. Die Aufgabenbeschreibung umfasst das Einbauen einer Druckfunktion in einem nicht näher definierten Kontext. Die konkret zu notierenden Informationen sind projektspezifisch anzupassen, dann jedoch konsistent zu halten (Anderson 2011, S.78-89).

Abbildung 8: Ein Aufgabenticket

4.2 WIP-Begrenzung

Die Begrenzung des WIP baut auf den Ansätzen der *Theory of Constraints* auf.

Der Ansatz besagt, dass der Durchsatz eines Systems ausschließlich durch das schwächste Glied, dem **Flaschenhals** begrenzt wird. Eine Verbesserung des Durchsatzes kann nur dadurch erzeugt werden, indem der Engpass beseitigt wird (Becker 2005,S.43-45).

Bei Kanban wird der WIP, also die Anzahl der erlaubten Tickets einer Phase, durch die Projektteilnehmer festgelegt. In der **Abbildung 9** ist das WIP-Limit mit den Zahlen nach den Phasennamen visualisiert. Neben der Optimierung des Durchsatzes wird dadurch zudem eine Überlastung einzelner Personen vermieden (Epping 2011, S. 57).

Im Folgenden wird mithilfe der Little´s Law Formel aufgezeigt, welche **Basisparameter** zur Verfügung stehen, um die Durchlaufzeit zu senken (Suri 1998, S.183):

$$Durchlaufzeit = \frac{WIP}{Durchsatz}$$

Nach den Grundregeln der Mathematik wird ein Bruch kleiner, wenn der Zähler verkleinert oder der Nenner vergrößert wird. Die Durchlaufzeit wird somit minimiert, indem man den Durchsatz erhöht, z. B. durch weiteren Ressourceneinsatz oder der WIP wird so klein wie möglich gehalten. Dabei wählt Kanban den Ansatz, den WIP möglichst gering zu halten, um so eine kürzere Durchlaufzeit bei gleichem Durchsatz zu ermöglichen (Epping 2011, S. 58).

4.3 Das Pull-Prinzip

Das Pull-Prinzip wurde in seiner ursprünglichen Form bereits **in Kapitel 4** beschrieben. An dieser Stelle werden diese Ausführungen auf Kanban in der Softwareentwicklung angewendet und anhand des Kanban-Boards verdeutlicht. Ausgehend von dem in **Kapitel 4.1** konstruierten Beispiels eines Kanban-Boards, werden jetzt zwei Tickets in unterschiedlichen Phasen gezogen. Zum einen zieht das Team der Analysephase ein Ticket aus der Input Warteschlange in die Analyse und zum anderen wird ein Ticket aus der Entwicklung ins Testing gezogen.

Abbildung 9 schildert diesen Vorgang anhand der Tickets **C** und **K**. Das WIP-Limit in der Analysephase ist drei und zurzeit befinden sich zwei Tickets in Bearbeitung, sodass das Ziehen erlaubt ist. Hingegen ist die zweite Ziehung des Tickets K nicht erlaubt, da das WIP-Limit der Phase *Testing* sonst überschritten wäre. Der Kerngedanke des Pull-Prinzips aus der Produktion wird auch in der Softwareentwicklung unter Berücksichtigung des WIP-Limits beibehalten. Die Teams holen sich selbstständig ihre Aufgaben vom Board ab, und bearbeiten nur so viele Tickets, wie es das WIP-Limit erlaubt.

Input	Analyse (3)		Entwicklung (5)		Testing (2)	Fertig
	in Arbeit	Fertig	in Arbeit	Fertig	in Arbeit	
A D	G	F	I	J	L M	N
B E			H	K	→ ⌁	O
C	→					P

Abbildung 9: Pull-prinzip anhand der Tickets C und K

Quelle: Eigene Darstellung in Anlehnung an Anderson (2011, S.74)

4.4 Die Kaizen-Kultur

Kaizen wörtlich übersetzt heißt *kontinuierliche Verbesserung* (Anderson 2011, S.57).

Eine Kaizen-Kultur zeichnet sich durch eine **eigenständige** und **aktive** Teilnahme aller Projektteilnehmer aus, um mithilfe von Verbesserungsvorschlägen die Qualität, die Produktivität und die Kundenzufriedenheit zu steigern (Anderson 2011, S.57). Das Prinzip ist Vergleichbar mit dem aus dem Qualitätsmanagement bekannten kontinuierlichen Verbesserungsprozess (Kostka und Kostka, S.10-16).

In der Kaizen-Kultur handeln die Mitarbeiter nach eigenem Ermessen und es steht ihnen frei, selbsterkannte Probleme spontan auf einer Art und Weise anzugehen, wie sie es für richtig halten. Zudem wird darauf Wert gelegt, den Mitarbeitern auch die Angst vor Fehlern zu nehmen, denn diese werden vom Management akzeptiert, solange die Fehler im Zusammenhang mit einer Verbesserung standen. Bei Kaizen handelt es sich um eine äußerst **kollegiale** und **vertrauensvolle** Kultur, in der flache Hierarchien herrschen und Mitarbeiter Aufgaben freiwillig übernehmen, anstatt diese von einem Vorgesetzten zugewiesen zu bekommen (Anderson 2011, S.58).

Kaizen ist nicht einfach eine Methodik, die man nicht ohne weiteres Anwenden kann. Es ist eine Kultur, die z. B. bei Toyota **gelebt** wird (Broscheit 2008, S.12). In dieser Kultur werden Firmeninteressen über private Interessen gestellt und allgemein ist die Unternehmensstruktur familiärer als in westlichen Unternehmen (Broscheit 2008, S.12). Wie stark die aktive Mitarbeit in einer solchen Kultur ist, zeigen die Zahlen von Toyota. So wurden 2006 bei einer Belegschaft von etwa 60.000 Mitarbeitern, 550.000 Verbesserungsvorschläge eingereicht, von denen über 90% umgesetzt wurden (Köhler 2006, S.41). Kaizen führt dazu, dass sich durch einzelne Projekte das **ganze Unternehmen** selbst, in kleinen und langsamen Schritten wandelt. Das Unternehmen vollzieht einen Reifeprozess, sodass Änderungen in Form von Verbesserungen immer einfacher und selbstverständlicher einführen lassen (Anderson 2011, S. 58-59).

Es stellt sich die Frage, in wie fern Kulturen im Allgemeinen kopiert und an einer anderen Stelle aufgesetzt und verinnerlicht werden können, bzw. ob Kaizen eine länderspezifische oder rein organisationale Kultur ist. So beschreibt Broscheit (2008, S.13-15) Kaizen in westlichen Ländern als ineffektiv, da es anscheinend erhebliche Unterschiede in der Ausführung der Kultur gibt. Diese Fragen werden bei Anderson (2011) als Hauptautoren Kanbans nicht angesprochen und sind insofern kritisch zu sehen.

5. Scrum

In diesem Kapitel wird das Framework Scrum vorgestellt. Dabei wird auf die Kernele-
mente dieses Vorgehensmodells eingegangen und erläutert. Scrum ist ein iterativer Prozess zur Entwicklung von Software. Scrum basiert auf den Ideen der Lean Production
und ist als agile Methode dafür konzipiert, Software schneller, kundengerechter und mit
erhöhter Qualität zu entwickeln (Sutherland und Schwaber 2011a, S.7-8). Scrum besteht
aus wenigen Regeln, welche im Folgenden kurz vorgestellt, und dann im Einzelnen näher betrachtet werden. Scrum definiert die Rollen Product Owner, Team und Scrum-
Master (Sutherland und Schwaber 2011a, S.17-18). Der Product Owner definiert und
priorisiert Anforderungen in einem Sammelwerk, welches Product Backlog genannt
wird und das Team wählt aus diesem Product Backlog eine Teilmenge zur Umsetzung
in einem Sprint aus (Sutherland und Schwaber 2011a, S.16). Sprints sind Zyklen an de-
ren Ende ein auslieferbares Produktinkrement entsteht. Während eines Sprints wird im
Daily Scrum kurz der aktuelle Projektstatus besprochen. Sprints werden iterativ ohne
Pause durchlaufen und zum Ende eines solchen werden die Ergebnisse im Sprint Review dem Product Owner vorgestellt und anschließend wird im Sprint Retrospective der
vergangene Sprint reflektiert (Sutherland und Schwaber 2011a, S.16). **Abbildung 10** visualisiert ein solches Scrum vorgehen, welches im weiteren Verlauf dieser Seminararbeit weiter erläutert wird.

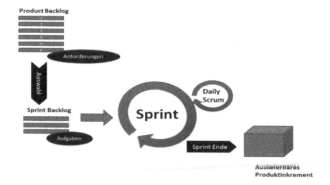

Abbildung 10: Scrum Überblick
Quelle: Eigene Darstellung in Anlehnung an (Sutherland und Schwaber 2011a, S.16)

5.1 Rollen

Wie bereits in **Kapitel 5** genannt, kennt Scrum die Rollen Product Owner, Team und ScrumMaster, welche im Ganzen als das Scrum Team bezeichnet werden (Sutherland und Schwaber 2011b, S.5). Damit ein Projekt erfolgreich sein kann, ist es vor allem wichtig, dass die Rollen zum einen adäquat besetzt sind und sie zum anderen eng zusammenarbeiten (Pichler 2008, S.9).

Der **Product Owner** nimmt in Scrum eine zentrale Stelle ein und ist verantwortlich für den Projekterfolg, welcher mit dem Return of Investment (ROI) bemessen wird (Sutherland und Schwaber 2011a, S.17). Zudem repräsentiert er in erster Instanz die Wünsche und Anforderungen des Kunden, doch nimmt er auch die Interessen des Teams und anderer Stakeholder wahr und bündelt diese um das Projektziel zu erreichen(Pichler 2008, S.10-11).

Um diese Aufgabengebiete abzudecken und zudem die einzelnen Bedürfnisse kommunizieren zu können, ist eine enge Zusammenarbeit zwischen dem Product Owner und den einzelnen Stakeholdern notwendig (Pichler 2008, S.10-11).

So erstellt er ein Produktkonzept und identifiziert Produktanforderungen für das Product Backlog. Dieses wird kontinuierlich bearbeitet, indem Anforderungen priorisiert, hinzugefügt oder entfernt werden. Der Produkt Owner integriert Projektmanagementaufgaben, die zuvor auf mehrere Personen aufgeteilt wurden, in einer Person. So ist er alleine für den Auslieferungszeitpunkt, die Funktionalität und die Kosten der Softwareversion verantwortlich (Pichler 2008,S. 10-11; Sutherland und Schwaber 2011a, S.17).

Die Rolle des **Teams** ist selbstorganisiert und bevollmächtigt alleine die Entscheidung zu treffen, wie viele Anforderungen es in einem Sprint umwandeln kann und wer welche Aufgabe übernimmt. Im Gegenzug steht das Team dann auch in der Pflicht, diese Anforderungen zuverlässig umzusetzen (Pichler 2008, S.11-12).

Das Team ist interdisziplinär besetzt, d. h. alle benötigten Rollen für die Entwicklung der spezifischen Software müssen auch ausgefüllt werden. Dadurch entstehen unterschiedliche Ansichtsweisen, welche eine einfachere Problemfindung und -lösung ermöglicht (Eickmann und Tomasini 2009, S.141). Damit Synergieeffekte entstehen ist es zudem wichtig, dass jeder Mitarbeiter die Aufgaben eines Anderen zumindest in Teilen übernehmen kann, man spricht auch von *cross-skilling*. So werden die Mitarbeiter auch als *generealist-specialists* bezeichnet (Pichler 2008, S.15-20).

Das Team besteht aus fünf bis neun Mitgliedern, welche ihre Arbeitsplätze in unmittelbarer Nähe haben. Bei größeren Teams steigt der Kommunikations- und Koordinationsaufwand, wodurch die Produktivität leidet (Pichler 2008, S.16-17; Sutherland und Schwaber 2011a. S.17).

Der **ScrumMaster** stellt sicher, dass die Projektbeteiligten Scrum verstehen und korrekt anwenden. Er agiert als Unterstützungsfunktion, welche Pichler (2008, S.19) treffend als *Coach* bezeichnet. So achtet er darauf, dass die Zusammenarbeit im Scrum Team funktioniert und beseitigt interne Hindernisse, die das Scrum Team davon abhalten, ihre Aufgaben zu erledigen. Ist der ScrumMaster im Verlauf des Projektes überflüssig geworden, d. h. er muss nicht in Aktion treten, ist das ein gutes Zeichen dafür, dass Scrum richtig angewandt wird (Pichler 2008, S.19).

5.2 Scrum Ereignisse

Scrum teilt den Entwicklungsprozess in Sprints ein, welche das Herzstück von Scrum bilden. Ein Sprint ist ein Zeitraum von maximal einem Monat, an dessen Ende ein potenziell auslieferbares Produktinkrement entsteht (Sutherland und Schwaber 2011b, S. 8).

Sprints besitzen eine gleichmäßige, feste Dauer und werden nacheinander durchlaufen. Während eines Sprints dürfen keine Ziel- oder Teamänderungen vorgenommen werden (Sutherland und Schwaber 2011b, S. 9). Sprints lassen sich grob in drei Zeitstadien einordnen: *Zu Beginn, während* und zum *Ende* eines Sprints.

Zu *Beginn* eines Sprints priorisiert der Product Owner im **Sprint Planning,** Anforderungen aus dem **Product Backlog.** Das Sprint Planning ist ein mehrstündiges, einmaliges Treffen pro Sprint, in dem die konkreten Arbeitsaufgaben spezifiziert und Maßnahmen zur Lösung diskutiert werden (Sutherland und Schwaber 2011b, S.10). Zudem wählt das Team die Anzahl der Anforderungen, die in dem Sprint umgesetzt werden sollen (Sutherland und Schwaber 2011a, S.16-17; Pichler 2008, S.81).

Anzumerken ist, dass es sich wohl um eine implizite Regelung handelt, vom obersten Eintrag des Product Backlogs und ausschließlich die reine Menge an Anforderungen durch das Team bestimmen zu lassen, wie es Sutherland und Schwaber (2011a, S.21) beschreiben. Zudem gibt es andere Aussagen von Sutherland und Schwaber (2011b, S.10), wonach eine explizite Einhaltung der Reihenfolge nicht erwähnt wird.

Die letzte Quelle deckt sich zudem mit der Vorgehensbeschreibung Scrums durch Pichler (2008, S.8). So wird eine explizite Einhaltung der Priorisierung nicht erwähnt, was zu der nachvollzierbaren Annahme führen könnte, die Priorisierung gäbe eine grobe Richtung und Wichtigkeit vor, doch lassen sich höher priorisierte Anforderungen durch leicht niedrigere, ins Sprint Backlog aufnehmen, sofern das Team dieses Vorgehen für sinnvoll betrachtet. Damit wird deutlich, dass die Auswahl der Anforderungen für das Sprint Backlog in der Literatur nicht differenziert genug beschrieben wird und deswegen kritisch zu betrachten ist.

Während eines Sprints wird im **Daily Scrum** in einer 15-Minütigen Sitzung die Arbeit synchronisiert, indem die Mitarbeiter ihre Ergebnisse und über die aktuell zu bearbeitenden Aufgaben dem Product Owner berichten um dadurch einen tagesaktuellen Überblick zu verschaffen (Sutherland und Schwaber 2011a, S.27).

Zum *Ende* einem Sprints stellt das Team seine Ergebnisse dem Product Owner in einem **Sprint Review** vor (Sutherland und Schwaber 2011a, S.26). Im Anschluss an das Spint Review wird in einem **Sprint Retrospective** über den vergangenen Sprint reflektiert. Dabei werden Erfahrungen und Meinungen ausgetauscht um einen Lerneffekt für zukünftige Sprints und Projekte zu erzielen (Pichler 2008, S.111-112; Sutherland und Schwaber 2011a, S.27). Dies ist einer der Gründe, welcher Scrum zu einem empirischen Prozess macht. Der laufende Prozess wird begutachtet und angepasst, ein so genanntes *inspect and adapt*. Die **Abbildung 11** zeigt einen solchen Sprintablauf.

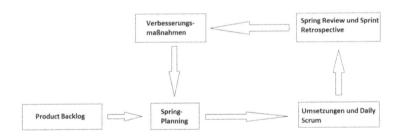

Abbildung 11: Ein Sprintablauf
Quelle: Eigene Darstellung in Anlehnung an (Pichler 2008, S.81)

5.3 Scrum Artefakte

Das wichtigste Artefakt in Scrum ist das **Product Backlog**. Dieser ist ein geordnetes Sammelwerk für primär funktionale Anforderungen (Sutherland und Schwaber 2011b, S.14). Doch umfasst das Product Backlog auch nicht funktionale Anforderungen, Verbesserungsvorschläge und Fehlerbehebungen. Alle Inhalte besitzen eine Beschreibung, eine Rangfolge und eine Schätzung (Sutherland und Schwaber 2011b, S.14).

Der Product Owner ist für die Erstellung, Pflege und Priorisierung der Inhalte verantwortlich (Sutherland und Schwaber 2011b, S.14). Die Priorisierung besitzt keine feste Vorgehensweise, doch nach Sutherland und Schwaber (2011b, S.14) sind häufig Wert, Risiko und Notwendigkeit, die Kriterien zur Priorisierung

Zudem sind die Einträge auf einen solchen Umfang heruntergebrochen, dass das Team diese in einem Sprint erledigen kann (Sutherland und Schwaber 2011b, S.14-15). Dabei untersteht das Product Backlog einer konstanten Änderungsdynamik, in der erste Einträge grobgranularer Natur sind und im Verlauf des Projekts immer an Detailierungsgrad zunehmen (Pichler 2008, S.28). Weiterhin gibt es einen Unterschied am Detailierungsgrad zwischen hochpriorisierten und niedrig priorisierten Anforderungen. Ist eine Anforderung hochpriorisiert, ist es nötig, konkretere Informationen über den Anforderungskontext zu erlangen, sodass der Detailgrad ebenfalls einem hohen Niveau entspricht (Pichler 2008, S. 28; Sutherland und Schwaber 2011b, S.14-15).

Während ein Product Backlog für die gesamte Projektdauer genutzt wird, werden Sprint Backlogs für jeden Sprint einzeln angelegt, welche wiederum Teilmenge des Product Backlogs bilden. Dabei sind die Inhalte dieser Teilmenge auf einer sehr feingranularen Ebene, welche die Aufgaben des aktuellen Sprints definieren. Das Sprint Backlog wird vom Team verwaltet und wenn nötig werden Anforderungen angepasst oder um zusätzliche Informationen angereichert (Sutherland und Schwaber 2011b, S.15-16).

Scrum bietet zudem die Möglichkeit, das Sprint Backlog mithilfe eines *task boards* zu strukturieren. Dadurch können, ähnlich wie bei einem Kanban-Board (vgl. **Kapitel 4.3**) Anforderungen durch Phasen gezogen werden (Pichler 2008, S.103). Dennoch ist diese Möglichkeit nicht so stark ausgebaut wie bei Kanban und ist nicht essenziell für den Ablauf, sondern optionaler Natur (Pichler 2008, S.102-104).

Zur Überwachung und Anzeige des aktuellen Projektfortschritts, auch *Velocity* genannt, benutzt Scrum das sogenannte **Burndownchart** (Pichler 2008, S.27; Sutherland und Schwaber 2011b, S.16). **Abbildung 12** illustriert ein solches Burndownchart.

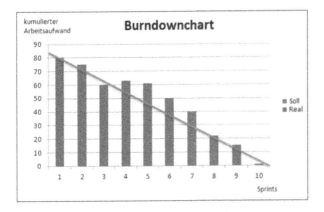

Abbildung 12: Ein Burndownchart

Quelle: Eigene Darstellung in Anlehnung an (Pichler 2008, S.70)

Zunächst wird die kumulative Menge an Arbeitsstunden sowie die benötigten Sprints für die gesamte Projektdauer vorhergesagt, welches in der **Abbildung 11** durch die rote Linie dargestellt wird. Die rote Linie gibt somit den optimalen Verlauf des Projekts an. Am Ende eines jeden Sprints wird der eigentliche Aufwand in Form der blauen Balken im Chart eingetragen. Dadurch können Abweichungen schnell erkannt werden und gegebenenfalls Gegenmaßnahmen eingeleitet werden (Pichler 2008, S.71).

6. Bewertung

In diesem Kapitel werden die Frameworks Kanban und Scrum anhand der Kriterien aus **Kapitel 3.4** bewertet. Als Grundlage der Bewertung wird hier die **Nutzwertanalyse** (NWA) verwendet. Die Nutzwertanalyse ist ein formalisiertes, analytisches Bewertungsverfahren, welches die Entscheidungsfindung unter Berücksichtigung subjektiver Kriterien und anhand der Nutzwerte von Alternativen ermöglicht (Schmidt-Wilke 2004, S.144-145; Preißler 2007, S.209).

Die NWA hat den Vorteil gegenüber anderen Verfahren, wie z. B. der Kosten-Nutzenrechnung, dass nicht monetäre Größen als Faktoren zur Entscheidungsfindung genutzt werden können (Schmidt-Wilke 2004, S.151).

Nach Preißler (2007, S.209) findet eine NWA in folgenden Schritten statt:

1. Zielkriterien bestimmen.
2. Zielkriterien gewichten.
3. Alternativen beschreiben.
4. Nutzwerte der Alternativen bestimmen.
5. Vorteilhaftigkeit bewerten.

Die Zielkriterien wurden in **Kapitel 3.4** zusammengefasst, die Alternativen Kanban und Scrum wurden in den **Kapiteln 4** und **5** beschrieben. Im weiteren Verlauf dieses Kapitels werden die Schritte vier und fünf vollzogen.

Die zentrale Kritik an der NWA ist, dass die Kriteriengewichtung **subjektiv** erfolgt und somit die ganze Bewertung manipulierbar ist (Schmidt-Wilke 2004, S.224).

Dadurch hebt die NWA keinen Anspruch auf Objektivität, sondern zielt primär auf *intersubjektive Nachvollzierbarkeit* (Zäpfel 2000, S.309).

Weiterhin werden in dieser Seminararbeit alle Kriterien mit dem Faktor eins gewichtet, welches diesen Kritikpunkt aushebelt.

Eine Gewichtung wäre ohnehin unzulässig, da die Ausarbeitung der Agilitätskriterien in **Kapitel 3**, nicht im Hinblick auf ihre Rangfolge oder Wichtigkeit untersucht wurden und somit eine wissenschaftliche Fundierung der Gewichtung fehlt. Eine solche Untersuchung würde den Rahmen dieser Arbeit überschreiten und bietet eine Basis für weitere Untersuchungen an.

6.1 Nutzwerte

Im Folgenden werden Kanban und Scrum anhand der in **Kapitel 3.**4 zusammengefassten Agilitätskriterien bewertet. Als Grundlage und Quelle aller Ausführungen dienen die Ausführungen der **Kapitel 4** und **5**. **Tabelle 8** zeigt die Punkte für die einzelnen Ausprägungen gemäß der NWA an. Die Spannweite ist mit fünf Werten bemessen, um ausreichend feingranulare Differenzierungen der Bewertung zu ermöglichen.

Tabelle 8: Punkteskala

Punkte	Ausprägung
1	Schlecht
2	Ausreichend
3	Befriedigend
4	Gut
5	Hervorragend

6.1.1 Unvorhergesehene Änderungen

In Scrum bieten sich Möglichkeiten, um auf eine unvorhergesehene Änderung reagieren zu können. Auf oberster Ebene ist durch das konstante Pflegen des Product Backlogs sichergestellt, dass prinzipiell Änderungen auch im fortgeschrittenen Projektverlauf eingebracht werden können. Dennoch obliegt es dem Ermessen des Product Owners, diese auch wirklich einzupflegen. Auch wenn Scrum voraussetzt, dass die Rollen adäquat besetzt werden sollten (Pichler 2008, S.9), ist Scrum dennoch Abhängig von der Fähigkeit des Product Owners, da im Allgemeinen nicht antizipiert werden kann, ob der Product Owner auch wirklich auf jede Problemstellung einen Lösungsansatz finden kann.

Änderungen können nur zu Beginn eines Sprints berücksichtigt werden, da Ziele, Teamzusammensetzung und Termine eines Sprints nicht geändert werden dürfen (Sutherland und Schwaber 2011b, S. 9; Pichler 2008, S.85). Diese Beschränkung impliziert im worst case eine Wartezeit von 30 Tagen und im Durschnitt 15 Tage bis zur Anpassung an neue Elemente. Bei wirklich essentiellen Änderungen besteht die Möglichkeit, einen Sprint abzubrechen (Sutherland und Schwaber 2011b, S.9), doch werden bei einem Abbruch weitere Ressourcen verbraucht, da ein neues Sprint Planning stattfinden muss.

Zusammenfassend kann Scrum (unvorhergesehene) Änderungen prinzipiell einfließen lassen, doch sind diese an den obigen Einschränkungen gebunden, sodass Scrum in dieser Kategorie mit *gut* bewertet wird.

In Kanban hingegen gibt es keine formale Beschränkung zur Aufnahme von weiteren Anforderungen oder Änderungen. Das Kanban-Board wird täglich aktualisiert, sodass eine gewünschte Änderung in Form eines Tickets, jeden Tag Einfluss in die Entwicklung finden kann. Weiterhin können Mitarbeiter zusätzlich eingebunden oder ausgetauscht werden. Die einzige Ausnahme bildet die WIP-Begrenzung, welche jedoch ausschließlich die Zeit bis zur Bearbeitung des neuen Tickets limitieren kann. Aus diesem Grund wird Kanban mit *hervorragend* bewertet.

6.1.2 Akzeptanz, Forderung und Förderung von Wandel

Scrum besitzt keine nennenswerten Inhalte die aktiven Wandel hervorheben. Durch das Scrum Retrospective Treffen ist ein Mechanismus zur Förderung von Wandel vorhanden, doch obliegt es wieder im Ermessensspielraum des Product Owners, diese auch umsetzen. Dadurch, dass beliebig viele Sprints angesetzt werden können und das Product Backlog dynamisch an die Gegebenheiten des Projektes angepasst wird, ist zumindest eine Akzeptanz für Änderungen zu verzeichnen.

Hingegen gibt es bei Kanban durch das Kaizen die explizite Aufforderung, Änderungen einzubringen. Der Unterschied zu Scrum liegt darin, dass es keine rein formale Aufforderung ist, sondern fest durch die Kultur **verankert** ist und somit auch ein deutliches Zeichen setzt (vgl. **Kapitel 4.4**). Weiterhin werden auch Fehler explizit **toleriert**, sofern diese unter dem Versuch einer Verbesserung stattfanden. Eine solche deutliche Aussage findet sich bei Scrum nicht.

Ein weiterer Punkt in Kanban, welcher Änderungen willkommen heißt, ist das Pull-System, wodurch neue Tickets jederzeit einfließen können. Es bedarf keiner Planung, keinen Meetings oder Änderungen am Vorgehen an sich, um neue Tickets aufzunehmen. Dadurch spricht prinzipiell nichts gegen neue Anforderungen, außer dem reinen Aufwand an sich. Dafür wird Scrum mit *ausreichend* und Kanban, unter der Annahme das die in **Kapitel 4.4** angerissene Frage der Kulturübertragung auch möglich ist, mit *gut* bewertet.

6.1.3 Projekterfolg und Kundenzufriedenheit

Der Product Owner wandelt Kundenwünsche in Anforderungen um. Zudem entscheidet er über die Qualität und Abnahme eines Produktinkrements im Sprint Review. Durch die sequenzielle Entwicklung kann somit nach jedem Sprint überprüft werden, ob das Produktinkrement den Wünschen entspricht oder nicht. Außerdem wird ausschließlich lauffähiger Code ausgeliefert, sodass Änderungen auch für den Kunden greifbar, im Sinne von sichtbar sind. Wie in **Kapitel 2.2** geschildert, ist diese Greifbarmachung essentiell für den Kunden, um eine Entscheidung treffen zu können, ob diese seinen Anforderungen genügt oder nicht.

Weiterhin fixiert Scrum die Terminzusagen eines Sprints (*timeboxing*), sodass ohne einen Sprintabbruch keine Verzögerungen entsteht (Pichler 2008, S.7).

Kanban baut in diesem Punkt, im Prinzip auf den gleichen Mechanismus wie Scrum auf, sodass ein einmal abgearbeitetes Ticket sofort in das Produktivsystem einfließt und vom Kunden begutachtet werden kann. Zudem wird durch die WIP-Begrenzung, ein im Durchschnitt konstanter Durchsatz erzeugt, sodass es zwar keine festen Terminzusagen gibt, dafür aber ein konstanter Fluss an Produktinkrementen sichergestellt ist.

Zusammenfassend wird beiden Methoden die Bewertung *gut* vergeben.

6.1.4 Direkte Kommunikation

In Scrum ist die direkte Kommunikation Dreh- und Angelpunkt für einen erfolgreichen Einsatz. Nach Pichler (2008, S.10-11) ist es für Scrum essentiell, dass der Product Owner sich eng mit allen Stakeholdern, insbesondere mit dem Kunden und dem Team abspricht. Zudem beschreibt Pichler (2008, S.19), dass auch der Arbeitsplatz eine enge Kommunikation und Kollaboration ermöglichen sollte.

Eine Reihe von Teamtreffen (*Sprint Planning, Daily Scrum, Sprint Review, Sprint Retrospective*) setzt ein sehr fundamentales Element, welches die direkte Kommunikation fordert und auch fördert.

Sogar die Organisation der Räumlichkeiten wird so ausgelegt, dass die verbale Kommunikation gefördert und dadurch die Zusammenarbeit zwischen den Mitarbeitern gesteigert werden soll (Pichler 2008, S.92-93).

In Kanban finden auch tägliche Treffen statt, um die aktuelle Arbeit zu reflektieren. Doch verläuft die eigentliche Kommunikation zentral über die Kanban-Karten. Die Kaizen-Kultur impliziert zwar eine kollegiale und soziale Interaktion, doch kann diese ebenso über andere Kommunikationswege (E-mail, Kanban-Karten etc.), als das direkte Gespräch erfolgen. Aus diesen Gründen wird Scrum mit *hervorragend* und Kanban mit *befriedigend* bewertet.

6.1.5 Nutzereinbindung

Da der Product Owner eng in Kontakt mit allen Stakeholdern steht und zudem die Wünsche des Kunden an das Team kommuniziert, ist in Scrum eine permanente Einbindung der Endnutzer gewährleistet. In Kanban hingegen gibt einen solchen Mechanismus nicht. Dennoch setzen beide Frameworks auf User Stories, welche hauptsächlich vom Endbenutzer verfasst werden. Dafür wird Scrum mit *gut* und Kanban mit *ausreichend* bewertet.

6.1.6 Kurze Release Zyklen

Sofern keine gravierenden Probleme auftreten und einen Sprintabbruch erzeugen, wird in Scrum ein Produktinkrement in maximal einem Kalendermonat ausgeliefert. Es bestünde zudem die Möglichkeit, die Sprints kürzer anzusetzen. In Kanban gibt es absolut keine explizite Zeitangabe für die Auslieferung eines Produktinkrements. Doch durch die WIP-Limitierung in Kombination mit feingranularen Anforderungen sind ein konstanter Workflow und schnelle Produktinkremente sichergestellt. Aus diesen Gründen werden beide Frameworks mit *hervorragend* bewertet.

6.1.7 Freiheit und Vertrauen

In Scrum hat das Team völlige Freiheit, die Anzahl der Anforderungen und somit die Menge an eigener Arbeit im Sprint Planning zu begrenzen. Die Auswahl ist jedoch so zu gestalten, dass die ausgewählten Anforderungen auch im Sprint zuverlässig umgesetzt werden können. Der Rolle des Product Owners wird ein ganz besonderes Vertrauen zuteil, denn der Projekterfolg liegt vollkommen in seiner Verantwortung (vgl. **Kapitel 5.1**).

Gänzlich ohne Kontrolle ist auch Scrum nicht, denn die Rolle des ScrumMasters kontrolliert, ob die Scrum Regeln auch eingehalten werden.

Diese Kontrolle dient jedoch nur zur korrekten Ausübung der Scrum Methodik und nicht zur inhaltlichen Überprüfung der Arbeit.

In Kanban ist durch die Kaizen-Kultur, das eigenverantwortliche und freiheitliche Arbeiten impliziert. Die Mitarbeiter melden sich selber für Projekte und werden nicht ernannt. Im Kanban Prozess selbst, entscheiden genauso wie in Scrum die Mitarbeiter, autonom über die Art und den Lösungsweg einer Aufgabe. Auch der WIP wird durch die Mitarbeiter bestimmt. Durch die aktive Bemühung des Managements, den Mitarbeitern, die Angst vor dem eigenverantwortlichen Arbeiten zu nehmen, werden die Wertschätzung und das Vertrauen in die Mitarbeiter akzentuiert. Diese Ausführungen führen zu der Benotung *gut* für Scrum und *hervorragend* für Kanban.

6.1.8 Reflektionsphasen

In Scrum wird während der Daily Scrums, der tagesaktuelle Status zwar ausgetauscht, jedoch werden keine generellen Verbesserungsvorschläge eingebracht. Dafür sind die Sprint Retrospectives da, in denen Erfahrungen und Verbesserungsvorschläge für zukünftige Projekte ausgetauscht werden. Diese finden jedoch nur einmal per Sprint statt und sind zudem zeitlich begrenzt.

In Kanban wird durch die Kaizen-Kultur explizit darum gebeten, Verbesserungsvorschläge jederzeit einzubringen und seien diese noch so klein. So wird bei Nissan jeder Vorschlag übernommen, wenn er mehr als 0,6 Sekunden an Arbeitszeit einspart (Imai 1998, S.55). Zudem gibt es auch in Kanban tägliche Treffen, analog zu den Daily Scrums, in denen über die aktuelle Arbeit reflektiert wird. Aus diesen Gründen wird Scrum mit *befriedigend* bewertet und Kanban mit *gut*.

6.1.9 Nutzwert Ergebnisse

Tabelle 9 fasst die Bewertungen der Kapitel 6.1.1 – 6.1.8 zusammen, anhand derer die relative Vorteilhaftigkeit zwischen Scrum und Kanban deutlich wird. Die Summe der vergebenen Punkte entspricht bei Scrum 31 und bei Kanban 32, sodass Kanban im Vergleich zu Scrum unter den gegebenen Kriterien agiler ist. Eine differenzierte Bewertung erfolgt in **Kapitel 7**.

Tabelle 9: Nutzwert Ergebnisse

Kriterium	Faktor	Scrum	Kanban
Unvorhergesehene Änderungen	× 1	4	5
Akzeptanz, Förderung und Forderung von Wandel	× 1	2	4
Projekterfolg und Kundenzufriedenheit	× 1	4	4
Direkte Kommunikation	× 1	5	3
Nutzereinbindung	× 1	4	2
Kurze Release Zyklen	× 1	5	5
Freiheit und Vertrauen	× 1	4	5
Reflektionsphasen	× 1	3	4
Summe		Σ 31	Σ 32

7. Fazit und weiterführende Fragen

Die NWA ergab einen formalen Punktevorsprung von Kanban gegenüber Scrum. Doch ist der Vorsprung so minimal, dass er zu vernachlässigen ist. Viel mehr entsprechen die Ergebnisse einem Gleichstand, welcher im Folgenden erläutert wird. Die Bewertung der NWA im Allgemeinen ist äußerst kritisch zu betrachten, da im Verlauf der Seminararbeit Erkenntnisse gewonnen wurden, die diese Bewertung relativieren.

Zum einen wurde in **Kapitel 3** deutlich, dass der Agilitätsbegriff alles andere als fest definierbar ist. Das Agile Manifest ist nicht wissenschaftlich fundiert (Götzenauer 2009, 26), sodass die abgeleiteten Kriterien zum einen kritisch zu betrachten sind und zum anderen keinen Anspruch auf Vollständigkeit erheben können. Weiterhin wurden die Kriterien nicht im Hinblick auf ihrer Ausprägungsstärke und Wirkungen untersucht, sodass diese Stärke, nicht in die Gewichtung der NWA einfließen konnte. Diese Fragestellung bietet eine Basis für weitere wissenschaftliche Untersuchungen.

Somit verstehen sich die Kriterien viel mehr als eine **Philosophie**, die eine grobe Richtung vorgibt, um die Probleme klassischer Vorgehensweisen zu überwinden.

Eine Frage die in dieser Seminararbeit nicht betrachtet wurde, ist die juristische und finanzielle Auseinandersetzung mit agilen Modellen. Werden die Dokumentationen auf ein Minimum reduziert und der Projektzeitraum variabel gehalten, könnten sich Probleme bei der Beweisbarkeit von juristischen Auseinandersetzungen ergeben. Was die Seminararbeit aufgedeckt hat, ist die Bedeutung der **Kultur** in der Softwareentwicklung.

Die Kaizen-Kultur aus **Kapitel 4.4** wirkte sich positiv auf nahezu alle Kriterien in der Bewertung der Methoden aus (vgl. **Kapitel 6.1**). Es wurde bei Kanban eine Übertragbarkeit von Organisationskulturen angenommen, sodass gerade dieser Punkt eine genauere und differenzierte Untersuchung benötigt.

Die andere zentrale Erkenntnis dieser Seminararbeit ist, die Wichtigkeit des im Agilen Manifest benannten Wertepaar, der **Individuen und Interaktionen** (agilemanifestorg). Die Kaizen-Kultur, aber auch die Rollenbesetzung in Scrum hängt zentral von den Fähigkeiten der ausführenden Personen ab (Pichler 2008, S.9; Sutherland und Schwaber 2011a, S.17). Scrum und Kanban besitzen zudem Stellen, welche eine Integration beider Methoden erlauben, welches in der Literatur *Scrumban* genannt wird (Ladas 2010). Welche Stellen dies konkret darstellen und wie eine Integration aussieht, bedarf einer weiteren wissenschaftlichen Untersuchung.

Literaturverzeichnis

Ahrendts F, Marton A (2008) IT-Risikomanagement leben. Wirkungsvolle Umsetzung für Projekte in der Softwareentwicklung. Springer-Verlag Berlin Heidelberg, Berlin, Heidelberg.

Anderson DJ (2011) Kanban. Evolutionäres Change Management für IT-Organisationen. dpunkt, Heidelberg, Neckar.

Beck K (2003) Extreme Programming. Die revolutionäre Methode für Softwareentwicklung in kleinen Teams ; [das Manifest]. Addison-Wesley, München ;, Boston [u.a.].

Becker T (2005) Prozesse in Produktion und Supply Chain optimieren. Springer, Berlin.

Boehm B, Turner R (2008) Balancing agility and discipline. A guide for the perplexed. Addison-Wesley, Boston, Mass. [u.a.].

Broscheit A (2008) Das Managementkonzept KAIZEN bei Toyota. Übertragbarkeit des Konzepts auf europäische Unternehmen. GRIN Verlag GmbH, München.

Brunner F (2008) Japanische Erfolgskonzepte: KAIZEN, KVP, Lean Production Management, Total Productive Maintenance, Shopfloor Management, Toyota Production Management. Hanser.

Chughtai A, Versteegen G (2002) Software-Management. Beherrschung des Lifecycles. Springer, Berlin [u.a.].

Cockburn A (2003) Agile Software-Entwicklung. die Prinzipien der agilen Software-Entwicklung dargestellt und erläutert, welche Methodik für welches Software-Projekt, Software-Entwicklung im Team. Mitp, Bonn.

Cohn M (2009) Succeeding with agile. Software development using Scrum. Addison-Wesley, Upper Saddle River, NJ.

Diverse Autoren (2011) Manifesto for Agile Software Development. http://agilemanifesto.org/. Abruf am 2012-01-18.

Epping T (2011) Kanban für die Softwareentwicklung. Springer, Berlin, Heidelberg.

Eveleens J, Verhoef C (2010) The rise and fall of the Chaos report figures. IEEE Software 27(1):30–36.

Fischer W, Dangelmaier W (2000) Produkt- und Anlagenoptimierung. Effiziente Produktentwicklung und Systemauslegung. Springer, Berlin [u.a.].

Garcia Sanz FJ, Semmler K, Walther J (2007) Die Automobilindustrie auf dem Weg zur globalen Netzwerkkompetenz. Effiziente und flexible Supply Chains erfolgreich gestalten. Springer, Berlin.

Glaser H, Geiger W, Rohde V (1992) PPS Produktionsplanung und -steuerung: Grundlagen-Konzepte-Anwendungen. Gabler.

Goldman SL, Nagel RN, Preiss K (1995) Agile competitors and virtual organizations. Strategies for enriching the customer. Van Nostrand Reinhold, New York.

Götzenauer J (2009) Agile Methoden in der Softwareentwicklung: Vergleich und Evaluierung. GRIN Verlag GmbH.

Grechenig T (2010) Softwaretechnik. Mit Fallbeispielen aus realen Entwicklungsprojekten. Pearson Studium, München ;, Boston, Mass. [u.a.].

Highsmith JA (2002) Agile software development ecosystems. Addison-Wesley, Boston.

Hoß O (2008) Agile Softwareentwicklung. GRIN Verlag GmbH.

Imai M (1998) Kaizen: Der Schlüssel zum Erfolg der Japaner im Wettbewerb. Ullstein Buchverlage GmbH&Co. KG.

Jørgensen M, Moløkken-Østvold K (2006) How large are software cost overruns? A review of the 1994 CHAOS report. Information and Software Technology 48(4):297–301.

Kletti J, Schumacher J (2011) Die perfekte Produktion. Manufacturing Excellence durch Short Interval Technology (SIT). Springer, Berlin.

Köhler A (2006) Fliegende Autos. Wirtschaftswoche(1/2):36–42.

Kostka C, Kostka S (2007) Der kontinuierliche Verbesserungsprozess. Methoden des KVP. Hanser, München ; Wien.

Ladas C (2008) Scrumban. And other essays on Kanban System for Lean Software develoment. Modus Cooperandi Press, Saetle, WA.

Liening A (1999) Komplexe Systeme zwischen Ordnung und Chaos. Lit.

Marion E, Tomasini Andrea Teamgeist. Teil 3: Die Rolle des Entwicklungsteams. iX Magazin für professionelle Informationstechnologie 2009(10):131–132.

Munz S, Soergel J (2006) Agile Produktentwicklung im Web 2.0. Hülsbusch.

Oakland JS (1989) Total quality management. IFS.

Oestereich B, Weiss C (2008) Agiles Projektmanagement. APM ; erfolgreiches timeboxing für IT-Projekte. Dpunkt-Verl., Heidelberg.

Parnas DL, Clements PC (1986) A rational design process: how and why to fake it. IEEE Transactions on Software Engineering 12(2).

Preißler PR (2007) Controlling. Lehrbuch und Intensivkurs. Oldenbourg, München [u.a.].

Probst H, Haunerdinger M (2007) Projektmanagement leicht gemacht. Projekte erfolgreich planen, steuern und abschließen. Redline Wirtschaft, München.

Project Cartoon (2012) http://www.projectcartoon.com/. Abruf am 2012-01-23.

Schmidt-Wilke J (2004) Nutzenmessung im Gesundheitswesen. Analyse der Instrumente vor dem Hintergrund zielfunktionsabhängiger Informationsverwendung. Deutscher Universitäts-Verlag, Wiesbaden.

Schwaber K (2007) The Enterprise and Scrum. Microsoft Press.

Standish Group (2004) The CHAOS Report

Standish Group (2009) The CHAOS Report

Starke G (2009) Effektive Software-Architekturen. Ein praktischer Leitfaden. Hanser, München.

Suri R (1998) Quick response manufacturing. A companywide approach to reducing lead times. Productivity Press, Portland, Or.

Sutherland J, Beck K (2011a) The Scrum Papers. nut, bolts, and origins of an agile framework. jeffsutherland.com/ScrumPapers.pdf. Abruf am 2012-01-22.

Sutherland J, Schwaber K (2011b) The Scrum Guide. The Definitive Guide to Scrum: The Rules of the Game. http://www.scrum.org/storage/scrumguides/Scrum%20Guide%20-%202011.pdf.

Versteegen G (2000) Projektmanagement Mit Dem Rational Unified Process. Springer.

Victor Szalvay (2004) An Introduction to Agile Software Development. www.danube.com/docs/Intro_to_Agile.pdf.

Wieczorrek H, Mertens P (2010) Management von IT-Projekten: Von der Planung zur Realisierung. Springer.

Wöhe G, Döring U (2002) Einführung in die allgemeine Betriebswirtschaftslehre. Vahlen, München.

Zäpfel G (2000) Strategisches Produktions-Management. Oldenbourg, München ;, Wien.